AF371136

Residences Memorables
De l'incomparable Heros de nôtre Siecle

ou

Representation exacte des Edifices et Jardins de Son Altesse Serenissime Monseigneur Le Prince

EUGENE FRANÇOIS

Duc de Savoye et de Piemont, Marquis de Saluffes, Chevalier de l'ordre de la Toison d'or, Premier Ministre d'Etat
et Conferences de Sa Majeste Imperiale et Catholique, President de son Grand Conseil de Guerre, Generalissime de Ses Trouppes
et Marechal du St Empire, Colonel d'un Regiment de Dragons et Vicaire General d'Italie.

Premiere Partie

Contenant les Plans, Elevations et Venes de la Maison de Plaisance de Son Altesse Sere: Situee dans un de fauxbourgs de Vienne.

Le Batiment a eté inventé et ordonné par le Sieur Jean Lucq de Hildebrand, Chevalier du St Empire, Conseiller et Architecte de S. M. Imp. et Cath:

L'interieur et Generalement tous les Ornements des appartements ont eté inventés et ordonnés par le Sieur Claude le Fort du Plessy, Conseiller de S.M. Imp. et Cath.
et Lieutenant Colonel de la Navigation sur le Danube.

Les Jardins et toutes les Eaux ont eté inventés par le Sieur Girard, Inspecteur des Jardins de S. A. E. de Bavieres, et mis en execution par le Sr Antoine Zinner,

Directeur des Jardins de Son Altesse Serenissime Monseigneur le Prince Eugene de Savoye.

Le tout levé et designé sur le Lieu par le Sieur Salomon Kleiner, Ingenieur de Son Altesse Electorale de Mayence.

Et se trouve a Augsbourg chez les Heritiers de feu Jeremie Wolff. MDCCXXXI

Avec Privilege de Sa Majeste Imperiale et Cath.

Wunder würdiges Krieqs-und Siegs-Lager
deß unvergleichlichen Heldens unserer Zeiten.

oder

Eigentliche Vor und Abbildungen der Hoff-Luft-und Garten-Gebaude
deß Durchlauchtigsten Fürstens und Herrn

EUGENII FRANCISCI

Hertzogen zu Savoyen und Piemont, Margraffen zu Saluzzo, &. Rittern des Guldenen Fluffes,
der Röm: Keyserl: und Königl:-Catholi: Mayeßt: würcklich geheimer und Conferenz-Rath, Hoff-Krieqs-Rath-Præsidenten, General Lieutenant,
wie auch dero und des Heilg: Röm: Reichs-Feld-Marschall und Obristen über ein Regiment Dragoner,
auch General Vicarius aller Ihrer Keyserl:-und Königl:-Catholi: Mayeßt: in Italien besitzenden Erb-Königreich Fürstenthümern und Landen.

Erster Theil

bestehende in General-Grundriffen und Prospecten von dem Garten und deffen Gebauden vor der Stadt Wienn.

worinnen das Gebäude auffgeführet, Hr Johann Lucas von Hildebrand, deß Heilg: Röm: Reichs Ritter, Keyserl: Rath und Hoff-Architect, die inwendige außzierung anordnete Hr Claudius le fort du Plessy, Keyserl:
Rath und Obrist-Schiff-fahrts-Lieutenant. Den Garten nebst denen Fontanen und Cascaden dirigierte Mr Girard, Garten Inspector St Churfürstl: Durchl: in Bayern.

wurde aber angelegt, durch Hr Author Zinner, St Hochfürstl: Durchl: Prinß Eugenii &. Garten Inspector.

und nach dem Leben abgezeichnet, durch Hr Salomon Kleiner, Chur Mayntzischen Hoff-Ingenieur.

Augspurg in Verlegung Jeremias Wolffs seel: hinterlaffenen Erben. MDCCXXXI.

Cum Gratia et Privilegio Sacr. Cæs. Majestatis.

Monseigneur

Depuisque le bras invincible de Vôtre Altesse Serenissime a erigé par tout et versstous les deux Hemispheres tant de Trophées et de monumens de ses Fameux Exploits, dont la Renomée annonce sans discontinuation a la Posterité la Grandeur, Elle a voulu, après s'etre delassée tres Glorieusement, de si merveilleuses fatigues, fai: re voir a l'univers l'Excellence de Son Gout en elevant de beaux Palais, et en plantant des jardins delicieux. Mais parcequ'il n'arrive qu'à la moindre Partie des homes d'aller à Vienne et d'y regarder ces Batimens si ma: gnifiques et si admirables, nous avons pris la Hardiesse pour suppleer a ce manque, et pour contribuer a l'eter: nité de leur Memoire d'en demander tres humblement a Son Altesse Seren.me les Desseins et les Vües et d'en mettre quelques uns au jour par le burin, mais qui plus est nous osons mettre a Ses pies les primices de cette entreprise, esperant qu'Elle ne dedaignera pas d'abaisser les yeux sur cet Ouvrage comence, et de nous en Continuer graci: eusement la Protection: Nous adressons nos voeux Ardens au Tout Puissant pour qu'il fasse toujours jouir a Vôtre Altesse Serenissime d'une Regence Comblée de toutes Sortes de bonheur et de prosperité a la plus grande Satis: faction de Sa Majesté Imperiale et Catholique, de meme qu'au plus grand Contentement de tout l'Empire Romain, et de tous les Etats, dont le soin Elle a Confié à Vôtre Altesse Serenissime; La quelle ne dedaignera pas de re: cevoir favorablement les Sinceres Assurances de notre Soumission parfaite et du profond Respet avec le quel nous avons l'honneur d'etre ,

Monseigneur
de Vôtre Altesse Serenissime

Les tres humbles et tres obeissans Serviteurs
Les Heritiers de Jeremie Wolf.

POLLENTI POTENTIQ. GENIO
EUGENII FRANC. SABAUDIAE PRINC. A. VEL. EQ.
MIL. CAES. CAROLI VI. MINISTRI PURPURATI, IN GERMANIA LEGATI, IN ITALIA VICARII, ET EXERCITUUM DUCIS PRIMIS,
CUJUS IMPERATORIAS VIRTUTES, QUIBUS INJURIAS REIP. CHRISTIANAE ULTUS EST,
REGIAMQ. MAGNIFICENTIAM ET GLORIAM MONUMENTA LOQUUNTUR.

Verl. der Wolff excud. A.V.
J.J. Sedelmayr inv. del. et sculp. Viena

Explication des Lettres.

Plan du jardin des Batimens, avec des parterre et Maisons voisines.
Grund-Riß deß Gartens und Gebäuen samt angränzenden Gärten und Häußer.

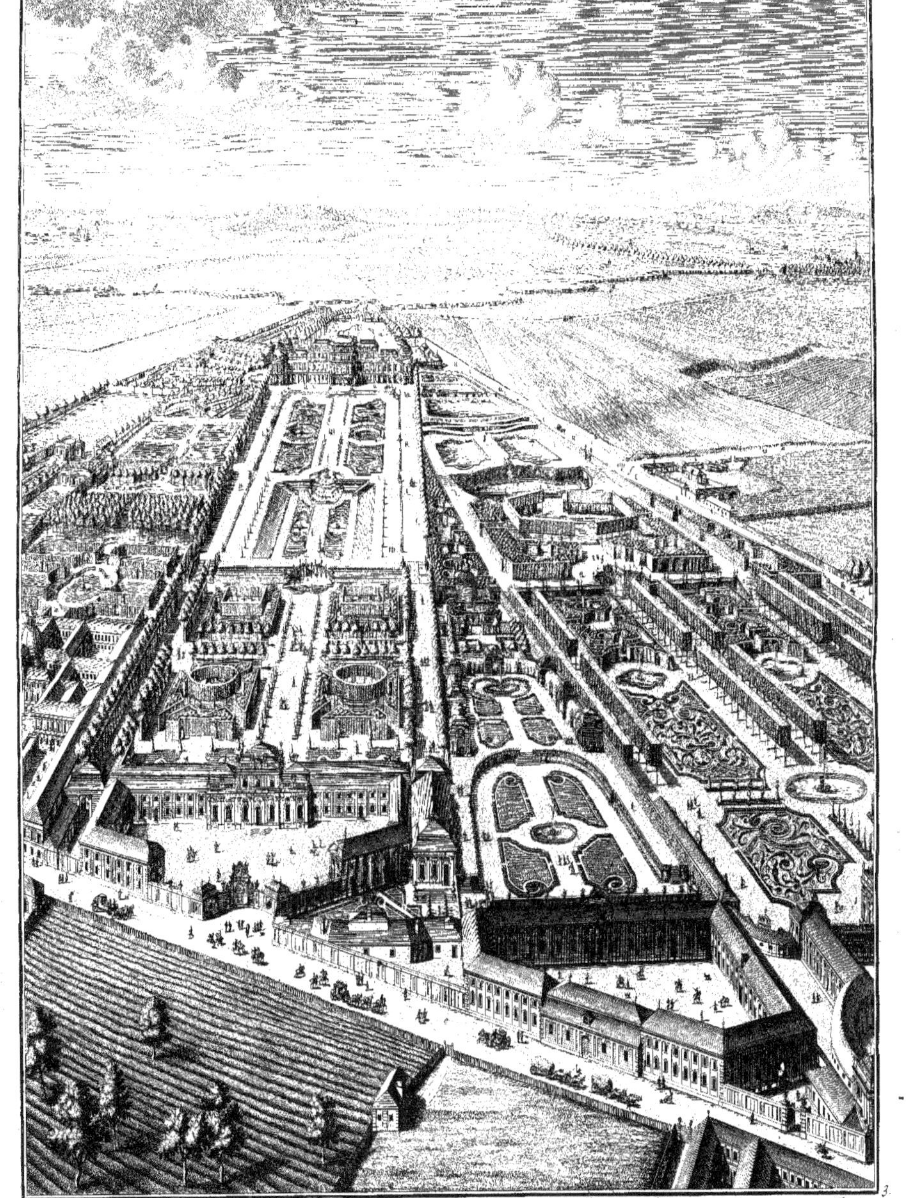

Vüe du jardin et des Batimens, avec d'autres Jardins et Maisons voisines, de Son A. S.me Monseigneur Le Prince Eugene
de Savoye.

a. l'Eglise, Couvent et jardin de l'Imperatrice Donauiere. b. Palais et jardin de Monseign. le Prince de Schwarzenbourg. c. le jardin du General Birani. d. le jardin des heritiers du feu S.r Heinisch. e. la Carriere. f. la rue de son. g. Lignes autour des fauxbourg. h. le chemin imperial bordé des arbres, conduisant a Laxenbourg.

Salomon Kleiner Ingen. delin.

Cum Pr. Sac. Cæs. Maj. Hæreal Ier. Wolff. exc. Aug. V.

Prospect S.r Hochfürstl. Durchl. Printzens Eugeny von Savoy-
en. Garten und darzu gehörigen Gebäuden, sambt andern angränzenden Gärten und Häusser.

a Ihro Mayestät der verwittibten Kayserin Amalia neu erbaute Kirche, Closter und Garten b. S.r Hoch Fürstlichen Durchl. von Schwartzenburg Palatium und Garten. c. Gen. Bironi Garten. d. Garten der Heinischen Erben. e. der Rennweg. f. die Heu Graßen. g. Lauen um die Vorstädte h. Der mit Bäumen besetzte Kayser Weg nacher Laxenburg i. das Neugebäu.

Joh. Aug. Corvinus Sculps.t

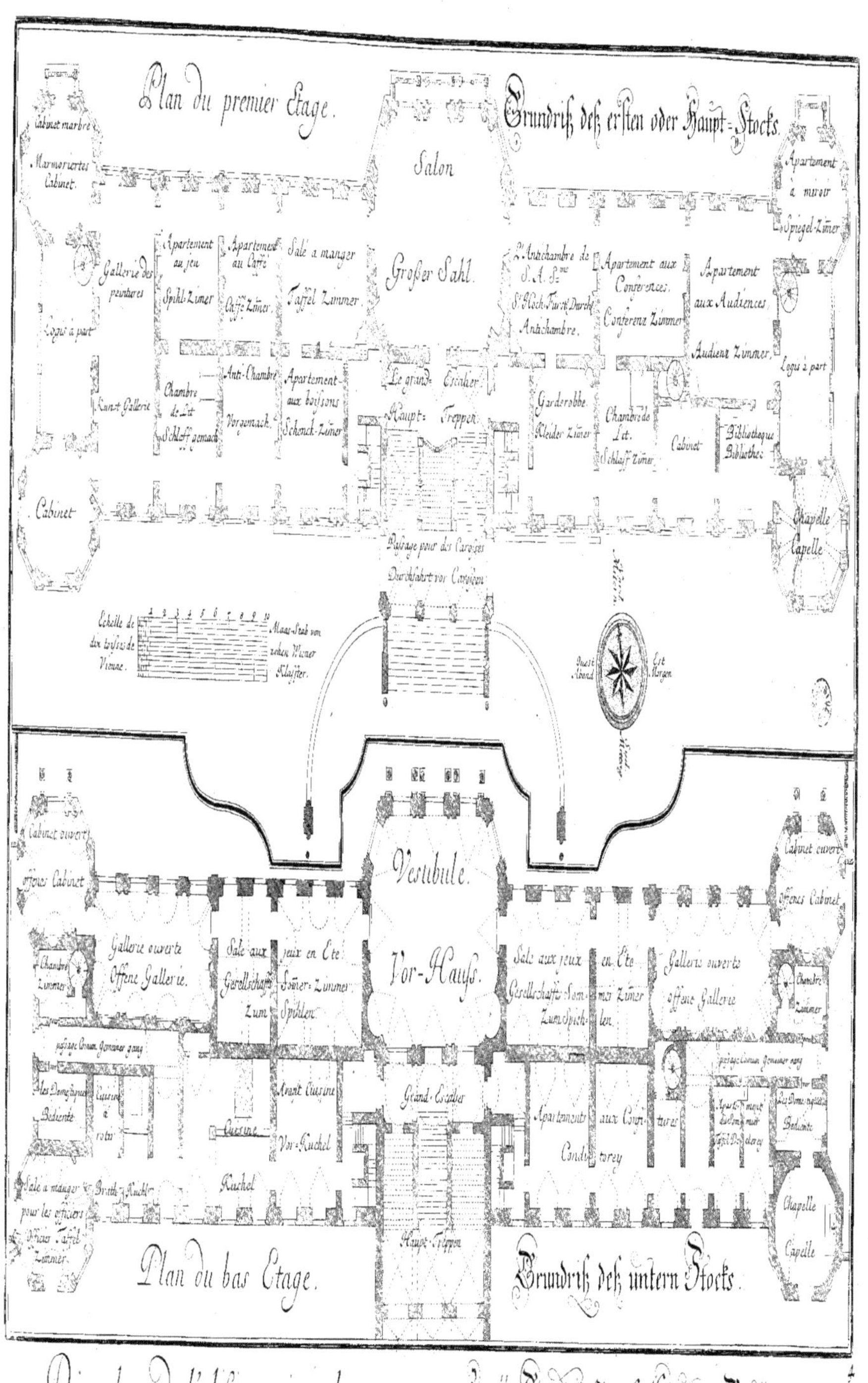

Plan du premier Etage.
Grundriß deß ersten oder Haupt-Stocks.
Salon
Cabinet marbré
Marmorirtes Cabinet.
Apartement a miroir
Spiegel-Zimer.
Gallerie des peintures
Apartement au jeu
Spihl-Zimer
Apartement au Caffé
Caffée Zimer
Sale a manger
Taffel Zimmer
Großer Sahl.
2de Antichambre de S.A.Se.
St Hoch Fürstl Durchl. Antichambre.
Apartement aux Conferences.
Conferenz Zimmer
Apartement aux Audiences
Audienz Zimmer
Logis a part
Chambre de Lit
Schlaff gemach
Anti-Chambre
Vorgemach
Apartement aux boisons
Schenck-Zimer.
Le grand Escalier
Haupt-Treppen
Garderobbe.
Kleider Zimer
Chambre de Lit
Schlaff Zimer
Cabinet
Bibliotheque
Bibliothec
Logis a part
Cabinet
Chapelle
Capelle
Passage pour des Caroßes
Durchfahrt vor Caroßen
Echelle de dix toises de Vienne.
Maas-Stab von zehen Wiener Klaffter.
Ouest Abend
Est Morgen
Vestibule.
Vor-Hauß.
Cabinet ouvert
offenes Cabinet
Cabinet ouvert
offenes Cabinet
Gallerie ouverte
Offene Gallerie.
Chambre Zimmer
Sale aux jeux en Eté
Geselschafts Zum Spohlen.
Somer-Zimmer
Sals aux jeux en Eté
Geselschafts Somer Zimer Zum Spihlen.
Gallerie ouverte
offene Gallerie
Chambre Zimmer
passage comun Gemeiner gang
passage comun Gemeiner weg
Ales Domestiques Bediente
Cuisine a rotir
Avant Cuisine
Vor-Kuchel
Grand Escalier
Apartements aux Confittures
Conditorey
Apartement aux Domestiques Bediente
Cuisine
Rachel
Sale a manger pour les officiers
Officiers Taffel Zimmer.
Broth-Kuchel
Rachel
Haupt-Treppen
Chapelle
Capelle
Plan du bas Etage.
Grundriß deß untern Stocks.
Deux plans de l'edifice principal.
Zwey Grundrisse deß Haupt-Gebaudes.
Salomon Kleiner Ingen. del.
Cum Pr. Sac. Cae. Maj.
Haered. Ier. Wolffii exc. A.V.
Ioh. August Corvinus sculpsit.

Vüe de l'Entrée principale.   Prospect der Haupt Entree.

Vüe de l'Edifice principal du coté du grand   Prospect deß Haupt-Gebäudes gegen dem
        avant- cour.   großen Vorhoff.

Salomon Kleiner Jngen. delin.   Cum Pr. Sac. Cæs. Maj. Hæred. Jes Wolsj exc. A.V.   Joh. Aug. Corvinus sculps

Vue de l'Edifice principal du coté du
jardin.
Prospect deß Haupt=Gebäu gegen dem
Garten.
Solomon Kleiner Ingen. delin.
Cum Pr. Sac. Cæs. Mai. Hæred. Ier Wolffij exc. A.V.
Ioh. Aug. Corvinus Sculpsit.
7

Salomon Kleiner Ingen. delin.

Cum Pr. Sac. Cæs. Maj. Haered. Ier. Wolffij exc. A.V.

Iacob Gotlieb Thelot sculpsit.

Jac. Gottlieb Thelot. sculp. Aug. Vind. 9.

Vuë du Salon magnifique marbré.

Prospect deß magnifiquen marmornen Haußt Saahls.

Joh. Kleiner Ingen. delin.   Cum Privileg. Sacra Cæsar. Majest.   David der Wälßer excud Aug. Vind.